So schön ist Düsseldorf

Sachbuchverlag Karin Mader

Inhalt

Inhalt	Seite
Das Herz schlägt in der Altstadt	6
Die Königsallee	18
Landeshauptstadt von Nordrhein-Westfalen	29
Spielplatz der Superlativen	32
Stadt am Strom	42
Kirchen: Prunkvolle Zeugen des Aufstiegs	48
Die Musen geben den Ton an	54
Freizeit wird großgeschrieben	72
Chronik	84

Fotos:
Jost Schilgen
Seite 36: Düsseldorfer Messegesellschaft mbH
Seite 37: Flughafen Düsseldorf GmbH
Seite 72/73: U. Otte

Text:
Martina Wengierek

© Sachbuchverlag Karin Mader
D-28879 Grasberg
www.mader-verlag.de

Grasberg 2000
Alle Rechte, auch auszugsweise, vorbehalten.

Übersetzungen:
Englisch: Michael Meadows
Französisch: Mireille Patel
Japanisch: Chiyo Kato-Kokott

Printed in Germany

ISBN 3-921957-04-4

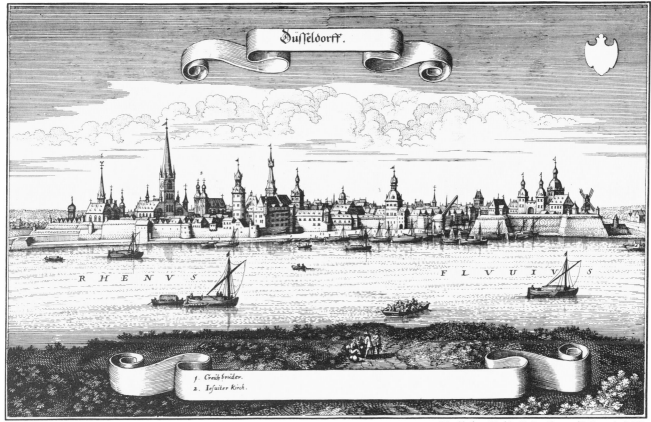

1. Creüßbrüder.
2. Iesuiter Kirch.

Düsseldorf aus: Matthäus Merian „Topographia Germaniae", 1656

Noch immer ziehen romantische Gassen und Plätze Besucher in ihren Bann, zeugen historische Bauten von einstiger Fürstenherrlichkeit und erinnern an erste Schritte auf der Karriereleiter. Doch die Provinzluft der ehemaligen Residenzstadt am Rhein ist längst verflogen. Während seiner über 700jährigen Geschichte hat sich Düsseldorf zu einer wichtigen Industriemetropole gemausert. 570 800 Menschen haben heute in der modernen Kapitale des größten Bundeslandes Nordrhein-Westfalen ihr Zuhause.

Les ruelles et les places romantiques entraînent les visiteurs à leur suite. Les bâtiments historiques rappellent la splendeur princière de jadis ou les premiers échelons gravis sur l'échelle sociale. Cependant l'air de province de cette ancienne ville de résidence sur le Rhin s'est évanoui depuis longtemps. Au cours de ses 700 ans d'histoire, Düsseldorf s'est transformée en une très importante ville industrielle. La capitale du plus grand land de la République Fédérale compte aujourd'hui plus de 570800 habitants.

Romantic lanes and squares still captivate visitors while historical buildings document the past splendor o elector-princes and remind one of the first steps on the career ladder. The provincial air of the former royal seat on the Rhine, however, has long disappeared. During its 700-year history Düsseldorf has blossomed into an important industrial metropolis. Today 570,800 people have their home in the modern capital of West Germany's largest federal state, North-Rhine Westphalia.

ロマンティックな路地や広場が今だに訪問客を魅了。歴史的建物は、昔の領主達の栄光の証人であり、その長い経歴の第一歩を思い出させるが、かつてのライン川にのぞむ城下町としての地方雰囲気はとっくに霧散してしまった。７００年の歴史の流れの中で、デュッセルドルフは重要な工業大都市に築き上げられてきた。今日５７万人がドイツ最大の州、ノートゥラインヴェストファレン州の近代的な首都に居を構えている。

Das Herz schlägt in der Altstadt

Kurfürst Johann Wilhelm (Jan Wellem) vor der Kulisse des spätgotischen Rathauses. Dem Kulturmäzen verdankt Düsseldorf seine erste Blütezeit. Mit Schaffung von Oper und Gemäldegalerie begründete er ihren Ruf als Kunststadt.

Le prince-électeur Johann Wilhelm (Jan Wellem) devant l'hôtel de ville de style gothique tardif. Düsseldorf doit à ce mécène son premier âge d'or. Avec la création de l'opéra et de la galerie de peintures il fonda sa réputation de ville d'art.

Elector-Prince Johann Wilhelm (Jan Wellem) in front of the late Gothic Town Hall. Düsseldorf owed its first heyday to this cultural patron. He established its reputation as a city of art by setting up an opera and painting gallery.

後期ゴシック式の市庁舎の前に立つ像は、選帝侯ヨハン　ヴィルヘルム。デュッセルドルフ市の最初の開花は、この芸術の保護者のおかげである。彼はオペラと画廊を通じて文化都市としての声価の基礎を築いた。

In der Altstadt – wie hier in der Marktstraße – lohnt sich nicht nur ein Abstecher in gemütliche Kneipen und Straßencafés, sondern auch ein Blick auf die Fassaden. Hier findet man noch die für Düsseldorf typischen schmalen Wohn- und Geschäftshäuser des 17./18. Jahrhunderts.

Dans la vieille ville – comme ici dans la Marktstraße – cela vaut la peine de faire un détour par les sympathiques bistrots et cafés-terrasses mais aussi de jeter un coup d'oeil aux façades. L'on trouve encore dans ce quartier les maisons et les magasins étroits des 17 et 18e siècles, typiques de Düsseldorf.

In the Old Town, here in the Marktstraße, where not only a detour to one of the cosy pubs is worthwhile, but also a look at the facades. Here one can still find the small residential and commercial houses of the 17th/18th century typical for Düsseldorf.

アルトシュタットでは－ここマルクト通りのように－雰囲気の良い居酒屋や通りのカフェに寄り道するだけでなく、正面側にも目を向けてほしい。ここにはまだ１７、８世紀のデュッセルドルフの典型的な細長い家や店がある。

Wer sich auf die Spuren berühmter Söhne der Stadt begibt, kommt an der Schneider-Wibbel-Uhr nicht vorbei. Fünfmal täglich erinnert ein Glockenspiel an die komische Romanfigur von Hans Müller-Schlösser. Gleich nebenan, in der Bolkerstraße, stand 1797 die Wiege von Heinrich Heine. Im Schatten seines Geburtshauses, das 1950 wieder aufgebaut wurde, tummeln sich besonders im Sommer gern die Freilicht-Touristen. Dann sind leere Stühle meist Mangelware.

Qui veut suivre les traces des célèbres fils de la ville ne manquera pas d'aller voir l'horloge de Schneider-Wibbel. Cinq fois par jour, un carillon rappelle ce comique personnage de roman de Hans Müller-Schlösser. Tout près de là, dans la Bolkerstraße, naquit, en 1797, Henri Heine. En été, les touristes déambulent volontiers à l'ombre de sa maison natale. Les chaises libres sont alors chose rare.

Whoever wishes to follow the trail of famous personalities of the city cannot miss the Schneider "Wibbel" Clock. Chimes remind one five times a day of the comical Roman figure of Hans Müller-Schlösser. Right next door, in Bolkerstraße, was the birthplace of Heinrich Heine in 1797. Particularly in summer, outdoor tourists enjoy strolling about his house of birth, which was rebuilt in 1950. Empty chairs are then usually rare.

市の有名人の跡を辿る者は、シュナイダー ヴィベル時計のそばを通り過ごしたりしない。日に5度鳴り響く鐘の演奏は、ハンス ミュラーシュルッサーの小説のこっけいな人物を思い起こさせる。すぐそばボルカー通りにはかつて、1797年ハインリッヒ ハイネの揺り篭が在った。1950年に再建された彼の生家の影では、旅行者達が特に夏、ぐるぐる歩き回っている、というのも空いた椅子はとかく不足しがち。

Hier serviert der „Köbes" auch auf der Straße: Brauhäuser, Diskotheken und Restaurants, in denen frischgezapftes Altbier in Strömen fließt – rund 260 Gaststätten sorgen für charmanten Trubel auf einem Quadratkilometer historischem Pflaster. Nicht umsonst macht bis heute das Wort von der „längsten Theke Europas" die Runde.

Ici le «Köbes» sert aussi dans la rue: brasseries, discothèques et restaurants dans lesquels la bière «Alt», débitée à la pression, coule à flots. Près de 260 établissements sur un kilomètre carré historique, sont responsables de cette joyeuse animation. Ce n'est pas sans raisons que l'on parle du «plus long comptoir d'Europe».

Here the "Köbes" also serves on the street: breweries, discotheques and restaurants where freshly drawn "Alt" beer flows in streams – roughly 260 taverns provide for charming bustle in a historical setting measuring one square kilometer. No wonder that one still speaks of the "longest bar in Europe".

ここでは通りでもウェイターがサービスをする。樽の栓を抜いたばかりのアルトビアーがどんどん出てくるビヤホール、ディスコ、レストランなど約２６０軒の店が、１㎞四方の歴史のある石畳の町での魅力ある賑わいを演出している。ここが「ヨーロッパで一番長いカウンター」と今日まで呼ばれている所以である。

Die beiden Radschläger am Burgplatz erinnern an ein Düsseldorfer Brauchtum, das sich seit dem Jahre 1586 – wenn auch nur noch spärlich – erhalten hat. Wundern Sie sich also nicht, wenn Sie in den Gassen radschlagenden Kindern begegnen, die nach vollbrachtem Schauspiel um „eene Penning" bitten: Dieser Lohn hat Tradition.

Les deux enfants faisant la roue sur la Burgplatz rappellent une coutume locale qui s'est maintenue – bien que devenue assez rare – depuis 1586. Ne vous étonnez donc pas si vous rencontrez dans les rues des enfants qui font la roue et qui, après leur performance, demandent «un Pfennig»: ce salaire a une tradition.

The two cartwheeling figures at Burgplatz call to mind a Düsseldorf custom that has been practised since 1586 – if only seldom nowadays. So don't be surprised if you encounter cartwheeling children in the lanes asking for "a penny" after a theatrical performance: This reward is an old tradition.

ブルク広場にある子供達の像は市の１５８６年来の風習の一つ（今だに僅かながらも残っている）を示す。横向きに宙返りをしてみせて『１ペニヒ』とねだる子供たちに出会っても驚かないよう。この報酬は伝統あるもの。

Zwei Kilometer lang und doppelstöckig – mit der Rheinuferpromenade haben sich die Düsseldorfer ein „Sahnestück" geschaffen. Während unten der Verkehr brummt, vergnügen sich oben Boulespieler, Spaziergänger, Radler und Inline-Skater. Das Rathausufer präsentiert ein gelungenes architektonisches Zusammenspiel von Tradition und Moderne.

Longue de deux kilomètres et comprenant deux étages – la ville de Düsseldorf s'est vraiment gâtée avec sa promenade au bord du Rhin. Tandis qu'en bas les voitures déferlent, en haut, les joueurs de boule, les promeneurs, les cyclistes et les patineurs se divertissent. La rive Rathausufer est une combinaison réussie de traditions et de modernité.

Two kilometers long and on two levels – the promenade along the banks of the Rhine is a marvelous gem that Düsseldorf has created for itself. While the traffic hums past below, boule players, strollers, cyclists and inline skaters enjoy themselves above. Rathausufer (Town Hall bank) displays a successful interplay of traditional and modern architecture.

２キロもの長さで２階建てのライン川岸の遊歩道にデュッセルドルフっ子は夢中になった。下では車がビュンビュン走っていても、上では人々がブールや散歩、サイクリングやインライン・スケートを楽しんでいる。市庁舎岸（右）は建築上、伝統とモダンの融合に成功したことを示している。

Ob üppige Altbauten oder neue Backstein-Architektur –
beim Streifzug durch das Häusermeer darf das Auge
atmen. Moderne Kunst belebt das Stadtbild ebenso wie
Wasser in jeder Variante. Zwischen Schulstraße und
Rheinort zaubert ein Hafenbecken maritimes Flair.

Qu'il s'agisse de vieux édifices aux formes opulentes ou de
la nouvelle architecture de brique, la mer de maisons n'est
pas accablante pour l'oeil. L'art moderne et l'eau, utilisée
de façon très variée, égaient la physionomie de la ville.
Du bassin portuaire, situé entre la Schulstraße et Rheinort,
se dégage une atmosphère maritime.

No matter whether lavish old edifices or new brick architecture – a walk through the sea of houses lets your eyes
breathe. Modern art lends an invigorating touch to the
city panorama just as water does in every variety. Between
Schulstrasse and Rheinort a harbor basin creates a maritime flair.

豪奢な古い建築物であれ新しいレンガ造りの建築様式であれ、
たくさんの建物をめぐり歩くと目がほっと休まる。近代芸術
は様々に変化する水のように街の風景を生き生きとさせる。
シュール通りとライン地区の間では船だまりが海のような雰
囲気をかもし出している。

Die Heinrich Heine-Plastik am Schwanenmarkt wurde 1981 vom Düsseldorfer Bildhauer Bert Gerresheim geschaffen und regt zur Auseinandersetzung mit der kritischen Persönlichkeit des Dichters an. Mit Anmut bezaubert „Die Kugelspielerin" von Walter Schott aus dem Jahr 1932. Sie steht am Südende der „Kö".

La statue d'Henri Heine, sur le Schwanenmarkt, œuvre de Bert Gerresheim, datant de 1981, éveille l'intérêt du public pour la personnalité critique du poète. La «joueuse de balle» de Walter Schott, datant de 1932, charme par sa grâce. Elle se trouve à l'extrémité sud du «Kö».

The Heinrich Heine statue at Schwanenmarkt was created by Düsseldorf sculptor Bert Gerresheim in 1981; it prompts one to take a closer view of the critical personality of the poet. "The Ball-Player" by Walter Schott dating from 1932 captivates with its grace. It stands at the south end of "Kö".

シュバーネンマークトのハインリッヒ　ハイネの彫刻像は１９８１年デュッセルドルフ市民のゲレスハイムにより造られたが、この詩人の人間性について論議を惹き起こした。
１９３２年ヴァルター　ショットによる『球遊びの女』は優美そのもの。"ＫÖ"の南端にたっている。

Die Königsallee

Die Königsallee ist mehr als eine Straße. Eher ein Boulevard der Sehnsüchte, Eitelkeiten und Schaulust. Kaum einen Kilometer lang, aber stolz wie ein Pfau entfaltet sie an den Flanken des Kö-Grabens all ihre teuren und kostbaren Verlockungen. Edelste Dinge aus aller Welt in den Schaufenstern, große Namen der Haute Couture, Banken und mondäne Einkaufstempel – wer eine Pause braucht für Portemonnaie und Augen, ist in einem der reizenden Cafés unter Kastanien und Plantanen gut aufgehoben.

La Königsallee est plus qu'une rue. C'est le boulevard des désirs, des vanités, de la curiosité. Elle ne mesure guère plus d'un kilomètre mais, orgueuilleuse comme un paon, elle déploie, sur les flancs du Kö-Graben, toutes ses chères et précieuses séductions. Les marchandises du monde entier s'étalent dans les vitrines, les grands noms de la Haute Couture, les banques, les temples de l'achat – qui a besoin d'une pause pour les yeux et le porte-monnaie est entre bonnes mains dans l'un des charmants cafés sous les châtaigniers et les platanes.

Königsallee is more than a street. It is a boulevard of desires, vanity and curiosity. Hardly one kilometer long, but proud as a peacock it unfurls all its expensive and valuable enticements along the Kö canal. The most elegant articles from all over the world in the shop windows, great names in haute couture, banks and mundane shopping establishments – whoever needs a break for wallet and eyes can find refuge in one of the charming cafés under chestnut and plane trees.

ケーニヒ大通りは単なる通り以上のもの。憧れと自惚れと好奇心の遊歩道。羽根を広げた孔雀さながら堀の両側にその高価貴重な誘惑品を開示する。ショーウィンドウ、オートクテュール、銀行、社交的なショッピングセンターには世界中からの稀しい最高品類。財布の紐を締め、目を休めなければならない人は、マロニエとプラタナスのもと、すてきな喫茶店で大切に扱われる。

Die 85 Meter breite Prachtstraße entstand in der ersten Hälfte des 19. Jahrhunderts. Als Napoleon 1811 die Stadt besuchte, schenkte er der Hauptstadt des von ihm errichteten Großherzogtums Berg das Festungsgelände zur Anlage von Gärten. Dabei entstand auch die Königsallee zu beiden Seiten des begradigten Stadtgrabens. Architekt war Adolf von Vagedes, dessen städtebauliche Handschrift die Rheinmetropole bis zur Gegenwart prägt.

Ce magnifique boulevard de 85 m de large, date de la première moitié du 19e siècle. Lorsque Napoléon visita la ville en 1811, il fit cadeau à la capitale du grand-duché de Berg, créé par lui, de l'emplacement des fortifications pour qu'on y établît des jardins. C'est ainsi que fut tracée la Königsallee des deux côtés du fossé. L'architecte en était Adolf von Vagedes dont la marque sur l'architecture de la ville subsiste jusqu'à nos jours.

85-meter-wide Prachtstraße was built in the first half of the 19th century. When Napoleon visited the city in 1811, he gave the capital of the Grand Duchy of Berg set up by him the fortification grounds for the laying out of gardens. This also resulted in the building of Königsallee on both sides of the straightened town moat. The architect was Adolf von Vagedes, whose influence is still clearly inscribed in the architecture of the Rhine metropolis today.

８５メーター幅のあるプラッフト通りは１９世紀の前半にできた。１８１１年ナポレオンが市を訪問したおり、彼により作られたベルク大公国のこの首都に庭園用にと兵営地を贈呈した。その際まっすぐにされた堀の両側面としてケーニヒ大通りも生まれた。アドルフ フォン ファーゲデスの設計によるもので、ライン河畔の首都は今日に到るまで彼の都市造営の蹟をはっきりと残している。

Erst 1851 erhielt die „Königsallee" ihren Namen – als nachträgliche Huldigung an den Preußenkönig Friedrich Wilhelm IV. Die zwei hölzernen Brücken, die früher über ihren Wassergraben führten, verschwanden Anfang des Jahrhunderts. Eine überlebte – als steinerne Version nach den Plänen von Vagedes.

La «Königsallee» ne reçut son nom qu'en 1851 – en hommage au roi de Prusse Friedrich Wilhelm IV. Les deux ponts de bois qui enjambaient jadis ses fossés disparurent au début du 20e siècle. L'un d'eux fut reconstruit en pierre d'après les plans de Vagedes.

It was not until 1851 that "Königsallee" (Royal Boulevard) received its name – as a posthumous homage to Prussian king Friedrich Wilhelm IV. The two wooden bridges that used to span its water ditches disappeared at the beginning of the century. One survived – as a stone version according to the plans of Vagedes.

ケーニクスアレーと言う名前は１８５１年にプロイセン王フリートリッヒ・ヴィルヘルム４世に敬意を払って後から付けられた。かつてお堀に架けられていた２つの橋は今世紀の初頭に消えてしまった。残っている１つの橋はファーゲデスの案に従って造られた石製。

Wer in der „Kö"-Chronik blättert, stößt auch auf diesen imposanten Bau, den Josef Maria Olbrich entwarf. Das Warenhaus Tietz (heute Kaufhof) wurde 1909 eröffnet, als man schon per elektrischer Straßenbahn zum Shopping fuhr. Tietz gilt als „Erfinder" des Kaufhauses.

Qui feuillette la chronique du «Kö» tombera sur cet imposant édifice conçu par Josef Maria Olbrich. Le grand magasin Tietz fut ouvert en 1909, époque à laquelle on allait déjà faire ses achats en tramway électrique. Tietz est considéré comme l'«inventeur» du grand magasin.

Those who leaf through the "Kö" (short for Königsallee) chronicle will come upon this imposing building, designed by Josef Maria Olbrich. The department store Tietz (now Kaufhof) was opened in 1909 when people were already going shopping by electric streetcar. Tietz is regarded as the "inventor" of the department store.

Kö年代記をひもとけば、この堂々とした建築物にぶつかる。ヨゼフ・マリア・オルブリッヒのデザインによるティーツ・デパート（今日のカウフホーフ）は１９０９年に開館された。人々が市電で買物に行くようになった頃である。ティーツはデパートの発見者と見なされている。

An der Königsallee ist jeder Quadratmeter kostbar. Kein Wunder, daß die Einkaufspassagen wie funkelnde Pilze aus dem Boden schießen. In den gläsernen und chromglänzenden Wandelhallen des Konsums läßt es sich wunderbar flanieren und nach Schnäppchen oder kostbaren Unikaten Ausschau halten. Das Kö-Karree (oben) lädt dazu ebenso ein wie die Kö-Galerie, in der auch Lukullus fürstlich Hof hält, und das „Stilwerk", mit exklusiven Möbelgeschäften.

Every square meter on Königsallee is valuable. No wonder that the shopping arcades shoot up from the ground like sparkling mushrooms. It is a pleasure to stroll about and keep an eye out for bargains or valuable rarities in the glass and bright chrome lobbies of consumerism. The "Kö-Karree" (above) is just as inviting as the Kö Gallery, in which there is also an epicurean cuisine, and as the "Stilwerk" with its exclusive furniture stores.

Chaque mètre carré de la Königsallee est précieux. Rien d'étonnant, donc, à ce que les passages couverts surgissent de son sol comme des champignons étincelants. Il fait bon flâner dans ces halls de vitre et de chrome tout en veillant à faire une bonne affaire ou une acquisition rare et précieuse. Le «Kö-Karree» (ci-dessus) et la Kö-Galerie dans laquelle Lucullus a aussi table mise sans oublier le «Stilwerk» aux meubles exclusifs vous y invitent.

ケーニヒ大通りでは、各平方メーターが高価なもの。ショッピング通路で床面からきらめく毛皮がとび出しているのも不思議ではない。ガラスとクロムで輝く回廊式広間では、快適にぶらつきながら蒸留酒類や貴重な原本をゆっくり見てまわることができる。ケー・カレー（上の写真）は更にケー・ガレリーへと招く。そこの豪華さも王侯貴族の館内のよう。

Bei den Schadow-Arkaden beginnt Deutschlands umsatz-stärkste Einkaufsmeile, die Schadowstraße. Kunden haben die Qual der Wahl zwischen mehr als 50 Geschäften (oben). Die Büste am Jan-Wellem-Platz erinnert an den Namensgeber Wilhelm von Schadow, von 1826-59 Direktor der Kunstakademie.

La rue commerçante d'Allemagne qui fait le plus de recettes, la Schadowstraße commence aux Schadow-Arkaden. Les clients ont l'embarras du choix car il y a ici plus de 50 commerces (ci-dessus). Le buste de la Jan-Wellem-Platz rappelle l'homme dont elle porte le nom, Wilhelm von Schadow, directeur de la Kunstakademie de 1826 à 1859.

The shopping district with the highest turnover in Germany begins at the Schadow arcades on Schadow-strasse. Shoppers have to decide between more than 50 stores (above). The bust at Jan-Wellem-Platz recalls the personality who gave the street its name, Wilhelm von Schadow, director of the Art Academy from 1826-59.

ドイツで一番売り上げのある買物通り、シャドウ通りはシャドウ・アーケードから始まる。客にとっては50軒以上もある店から物を選ぶのが悩みの種である（上）。ヤン・ヴェレム広場にある胸像は、この通りの名前の由来となった美術アカデミーの校長（1826～59年）ヴィルヘルム・フォン・シャドウを記念するものである。

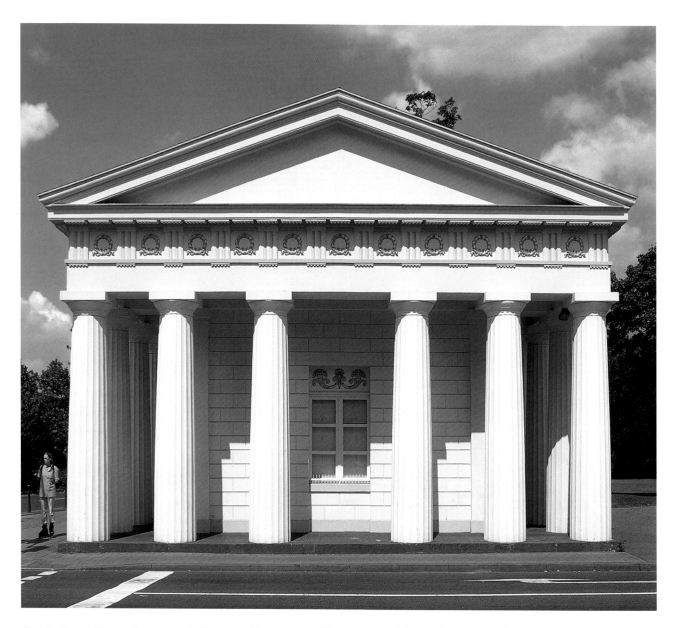

Das Ratinger Tor ist der einzige öffentliche Bau von Adolf von Vagedes, der den Düsseldorfern erhalten blieb. Die klassizistische Stadttoranlage wurde 1811–15 nach seinen Plänen errichtet. Für die Zollhäuser wählte er die Gestalt zweier dorischer Tempel.

La Ratinger Tor est le seul édifice public d'Adolf von Vagedes que Düsseldorf ait pu conserver. Les portes de la ville, de style classique, furent érigées de 1811 à 1815 d'après ses plans. Pour les douanes il construisit deux temples de style dorique.

Ratinger Tor is the only public building constructed by Adolf von Vagedes that remained intact in Düsseldorf. The classicist town gate structures were set up according to his plans from 1811–15. For the customhouses he chose the design of two Doric temples.

ラーティンガー・トーアはデュッセルドルフ市民に残されている　アドルフ　フォン　ファゲデスの唯一の公共建造物。この古典的都市門は１８１１－１５年彼の計画に従って造られ、税関所として二つのドーリス寺院形態が選ばれた。

Der Hofgarten – eine grüne Oase inmitten des Treibens einer modernen Großstadt. Die Gestaltung des 26 000 Quadratmeter umfassenden Terrains nahm 1770 Nicolas de Pigage in die Hand. 30 Jahre später setzte Gartenbaumeister Maximilian Weyhe sein Werk fort, das heute von wichtigen Zentren des Kulturlebens umgeben ist.

Le Hofgarten – une verte oasis au milieu de l'activité d'une grande ville moderne. Nicolas de Pigage se chargea, en 1770, de dessiner ce jardin, grand de 26 000 m². Trente ans plus tard l'architecte paysagiste Maximilian Weyhe poursuivit son œuvre qui, aujourd'hui, est entourée de centres importants de la vie culturelle.

Hofgarten – a green oasis in the midst of the bustling activity of a modern big city. Nicolas de Pigage took charge of the design of the 26,000 square meter area in 1770. 30 years later landscape gardener Maximilian Weyhe continued his work, which is surrounded by important centers of cultural life today.

ホーフガーテンは近代大都市のせわしない営みの中の緑のオアシス。１７７０年ニコラウス　ドゥ　ピガージュが２６０００平方メーターにわたる地域の造形を引き受け、その３０年後造園師のマクシミリアム　ヴェイエが仕事を続行。今日重要な文化施設で取り囲まれている。

Graf Adolf v. Berg
verleiht dem
Dorf an der Düssel
die Stadtrechte
1288

Landeshauptstadt von Nordrhein-Westfalen

Eine Brunneninschrift erinnert an 700jährige Stadtge-schichte: Am 14. August 1288 wurde Düsseldorf durch Graf von Berg nach der Schlacht bei Worringen zur Stadt erhoben. Seit 1946 ist es Landeshauptstadt von Nord-rhein-Westfalen und als solche Sitz bedeutender Behörden und Körperschaften des öffentlichen Rechts. Die Stadt beherbergt nicht nur Landesregierung und Landtag, son-dern ist unter anderem auch Sitz des Oberlandesgerichts und der Bezirksregierung (Foto).

Une inscription rappelle que l'histoire de la ville est vieille de 700 ans. Après la bataille de Worringen, le 14 août 1288, le comte de Berg éleva Düsseldorf au rang de ville. Depuis 1946 c'est la capitale de Nord-Rhénanie-Westphalie et, en tant que telle, elle est le siège d'importantes administra-tions et organismes de droit public. La ville n'héberge pas seulement le gouvernement et la diète du land, elle est aussi, entre autres, le siège de la cour d'appel et du gouver-nement du district (photo).

A fountain inscription reminds one of the 700-year city history: On August 14, 1288 Düsseldorf was elevated to city status by Graf von Berg after the battle near Worrin-gen. Since 1946 it has been the state capital of North-Rhine Westphalia and is as such the seat of important government agencies and public bodies. The city not only accommoda-tes the state government and state legislature but is also, among other things, the seat of the State High Court and of the district government (photograph).

噴水の碑銘は７００年にわたる町の歴史を思い出させる。１２８８年８月１４日デュッセルドルフはヴォリンゲンの戦いの後フォン　ベルク伯爵により都市に格上げされた。１９４６年以来ノートライン・ヴェストファレン州の首都で、重要な官庁と公法の法人団体の中心地。州政府と州議会を有しているだけでなく、地方高等裁判所や県政府などの所在地でもある。

Im alten Hafengebiet ist der Landtag von Nordrhein-Westfalen seit 1988 Blickfang. Der ungewöhnliche Grundriß des Gebäudes geht von der Idee ineinandergreifender Rundungen aus, an denen sich die Abgeordneten zunächst heftig stießen – sie protestierten gegen ihre Verbannung in „Kreis-Säle", weil kein Raum rechteckig ist. Gleich nebenan stürmt 234 Meter hoch der Rheinturm in den Himmel. Der Fernmeldegigant wurde 1982 eingeweiht. Von der Aussichtsplattform aus genießt man ein unvergeßliches Panorama. Bei guter Fernsicht liegt einem der Kölner Dom ebenso zu Füßen wie das Bergische Land und Holland.

Depuis 1988 le parlement du land de Nordrhin-Westphalie dans le vieux quartier du port, attire tous les regards. Le plan inhabituel de cet édifice est constitué de deux formes arrondies qui s'imbriquent. Au début les députés s'en offusquèrent: ils ne voulaient pas être bannis dans des salles d'accouchements car aucune pièce n'y a d'angle droit. A côté, la tour du Rhin s'élance dans le ciel à une hauteur de 234 mètres. Ce géant de la télécommunication a été inauguré en 1982. Sa plate-forme panoramique offre une vue inoubliable. Par beau temps, elle a, à ses pieds, la cathédrale de Cologne ainsi que le pays de Berg et même la Hollande.

The state parliament of North Rhine-Westphalia has been an eyecatcher in the old harbor district since 1988. The unusual ground plan of the building is based on the idea of round shapes that overlap one another, which caused a great uproar among the members of parliament at first – they protested against being banned to "Circle Rooms" because none of them is rectangular. Right next door the Rhine Tower rises 234 meters into the sky. The telecommunication giant was officially opened in 1982. This can best be viewed from the top of the Rhine Tower, whose observation platform offers an unforgettable panorama. With good visibility one has a good view of the Cologne Cathedral, Bergische Land as Holland.

旧港町地区では、1988年からノルトライン・ヴェストファーレン州議会の建物が人目を引いている。この目新しい建物の輪郭は互いにかみ合う丸みという発想から来ている。だがこの中には四角形の部屋が一つもないので、最初議員たちはこれをやめさせようと、激しく抵抗したのであった。すぐ隣に並んで高さ234mのラインタワーが空に向かってそびえ立っている。この巨大なテレビ塔は1982年に落成した。遠くまで見える時はケルンの大聖堂が足元に見え、そしてベルギー、オランダの地までが展望できるのである。

Spielplatz der Superlativen

Seit 1965 ist die ehemalige Medizinische Akademie eine Universität. Heute studieren hier rund 24 000 Studenten an fünf Fakultäten. Europas modernster Verkehrsknotenpunkt entstand 1987 mit der Umgestaltung des Hauptbahnhofes. Aus dem Relikt des vorigen Jahrhunderts wurde ein großzügiges Abfertigungsterminal, das mit dem Weiterbildungszentrum der Stadt verknüpft ist.

L'ancienne Académie Médicale est devenue en 1965 une université. Près de 24 000 etudiants y sont répartis en cinq facultés. Le nœud de communications le plus moderne d'Europe fut créé en 1987 lorsqu'on modifia la gare centrale. De cette relique du siècle dernier l'on fit une vaste plaque tournante reliée aux institutions d'études supérieures de la ville.

The former Medical Academy has been a university since 1965. Around 24,000 students study in five departments here. Europe's most modern traffic junction came into being through the redesigning of the railway station in 1987. An expansive dispatch terminal, which is connected to the city's further education center, was created from the relics of the previous century.

かつての医学アカデミーは、1965年総合大学となった。今日2万4000人の学生が3学部で学んでいる。1987年の中央駅の改造によりヨーロッパで最も近代的な交通路の交差点となった。前世紀からの建物は大規模な運輸ターミナルに変身、市の上級教育センターと結び付いている。

Düsseldorf gilt als „Nippons Hauptstadt am Rhein":
In dem wichtigsten europäischen Standort für die japa-
nische Wirtschaft leben rund 8000 Japaner – das sind fast
40 Prozent aller in der Bundesrepublik ansässigen
Landsleute. Das Deutsch-Japanische Center (Foto)
wurde 1978 eingeweiht. Es beherbergt unter anderem
Geschäfte, Büros, ein Luxushotel und das japanische
Generalkonsulat.
Rechts das 1960 erbaute Thyssen-Hochhaus, das sich
95 Meter hoch am Rand des Hofgartens erhebt.

Düsseldorf est considéré comme la «capitale japonaise sur
le Rhin». C'est la ville d'Europe où l'industrie japonaise
est la plus fortement représentée et près de 8000 Japonais
y vivent – près de 40 pour cent de tous creux qui vivent
dans la République Fédérale. Le Centre Allemand-Japo-
nais (photo) fut inauguré en 1978. Il abrite, entre autres,
des magasins, des bureaux, un hôtel de luxe et le consulat
général japonais.
À gauche le building de Thyssen, d'une hauteur de
95 mètres, date de 1960.

Düsseldorf is considered to be "Nippon's capital on the
Rhine": roughly 8000 Japanese live in the most important
European location for Japan's economy – that's nearly
40 percent of all Japanese residents in Germany. The
German-Japanese Center (photo) was opened in 1978. It
contains, among other things, shops, offices, a luxury
hotel and the Japanese Consulate General.
On the right the Thyssen skyscraper, built in 1960 and
rising 95 meters above the adjacent Hofgarten.

デュッセルドルフは『ライン川の日本の首都』と見なされて
いる。日本経済にとってヨーロッパで最も重要な場所で、こ
こに約8000人の日本人が住んでいるが、これはドイツ全
国の日本人総数の40％近くになる。1978年に独日セン
ター（写真）の落成式が行われた。ここには店舗以外にも事
務所や豪華ホテルや日本領事館が入っている。
あるいは1960年に建てられたティッセンビル。このビル
はホーフガーテンの縁で95メーターの高さを誇っている。

Messe-Magnet Düsseldorf: Über 20 Branchen haben hier ihren festen Ausstellungsstandort. Ob „boot", „Audio Video" oder Modemesse – mit 15 Hallen und 156 000 Quadratmetern Nutzfläche hält das modernste bundesdeutsche Messegelände, das 1971 eröffnet wurde, der internationalen Konkurrenz spielend stand.

Düsseldorf, aimant des foires: plus de vingt branches ont ici leur stand d'exposition fixe, qu'il s'agisse de «bateaux», d'appareils Audio Video ou de mode – avec 15 halls et 156 000 m² de surface, le plus grand complexe d'exposition de la République Fédérale – ouvert en 1971 – se joue de la concurrence internationale.

Düsseldorf, fair magnet: Over 20 industries have their permanent exhibition site here. Whether boat, Audio Video or fashion fair – with 15 halls and 156,000 square meters of space Germany's most modern fair grounds, opened in 1971, can stand up to international competition with ease.

見本市のデュッセルドルフ。20以上の部門がここに常設の展示場を有する。『ボートショウ』をはじめ『オーディオ・ビデオ』または『モードショウ』が156000平方メーターの利用面積と15のホールを備えた最も近代的な見本市会場（1971年開設）で、国際的競争を展開している。

Kaum ein anderer Ort dokumentiert die Rolle der Stadt als Verkehrsknotenpunkt so eindrucksvoll wie der Rhein-Ruhr-Flughafen. Die Zahl der Fluggäste erreichte 1997 den Rekordwert von 15,5 Millionen. Damit lag Düsseldorf unter den deutschen Verkehrsflughäfen auf dem dritten Platz.

L'aéroport de Düsseldorf documente de façon saisissante le rôle de noeud de commuications joué par la ville. Les voyageurs y atteignirent en 1997 le nombre record de 15,5 millions. Ceci en fait le troisième aéroport commercial d'Allemagne.

There is hardly another place that documents the role of the city as a traffic node as impressively as the Rhine-Ruhr Airport. The number of air passengers reached a record level of 15.5 million in 1997. This made Düsseldorf number three among Germany's airports.

ライン・ルール空港ほど交通の要衝都市としての役割を印象深く示している所は他にないだろう。1997年には乗客数が最高記録の1550万人に達した。これによってデュッセルドルフはドイツ第3位の空港となった。

Seit 1991 auf Sendung: das Landesstudio des Westdeutschen Rundfunks, das seine Architekten Christoph und Brigitte Parade als „heiteres Mediengebäude mit Werkstattcharakter" verstehen. Durch die zahlreichen Glaselemente des Hauses bleibt der Blick frei auf Strom und Yachthafen, auf Rheinturm und Landtag. Eine Besonderheit: Es ist mit 43 Tiefankern in der Erde festgezurrt. Und vor dem Eingang wurde das alte Kopfsteinpflaster aus dem Hafen verlegt.

Le studio du land de la radio ouest-allemande est en service depuis 1991. Ses architectes Christoph et Brigitte Parade ont voulu en faire «un joyeux édifice des média au caractère d'atelier». Les nombreux éléments de verre permettent une large vue sur le fleuve, le port de plaisance, la tour du Rhin et le parlement. Ce bâtiment présente une particularité: il est solidement amarré au sol par 43 ancres profondes. Devant l'entrée les vieux pavés du port ont été utilisés.

Broadcasting since 1991: the state studio of Westdeutscher Rundfunk, which its architects, Christoph and Brigitte Parade, have designed as a "cheerful media building with a workshop touch". Thanks to the numerous glass elements of the building, one has a clear view of the river and yacht harbor, of the Rhine Tower and the state parliament. One of its special features: it is secured in the ground with 43 deep anchoring devices. And old cobblestones from the harbor were laid in front of the entrance.

１９９１年より放送が開始された西ドイツ放送局は、建築家クリストフ・パラーデ、ブリギッテ・パラーデにより「作業所的な性格を持った明るいメディアの建物」との解釈のもとに建てられた。おびただしい数のガラスを通して、遮るものもなく大河やヨット港、ラインタワーや州議会を眺めることができる。この建物は４３の錨で地中にくくり付けてあり、また玄関の前には港の古い丸石が敷きつめてあるという特色を持っている。

Als sich in den siebziger Jahren eine strukturelle Umwandlung von der Produktion zur Dienstleistung in
Düsseldorf abzeichnete, wurde der vor rund 100 Jahren
entstandene Hafen unrentabel und das Gelände am
Südwestrand der City, direkt am Rhein, vom Stadtrat
zur Umwandlung freigegeben. So wurden auf der zur
Verfügung stehenden Grundstückfläche von 90.000m²
bis heute 750 Millionen Mark investiert und 3.000 neue
Arbeitsplätze geschaffen. Aus der alten Handelsmeile
wurde die „Meile der Kreativen", in der Denkmalschutz
und moderne Architektur eine überzeugende Partner-

Lorsque dans les années soixante-dix les structures éco-
nomiques évoluèrent de la production aux prestations de
service, le port, aménagé cent ans plus tôt, cessa d'être
rentable. Le conseil municipal permit alors de transformer
l'espace situé à la limite sud-ouest de la ville sur la rive
du Rhin. C'est ainsi qu'à date 750 millions de marks ont
été insvestis sur l'aire disponible de 90000m² et que
3000 nouvelles places de travail ont été créées. Cet ancien
lieu de commerce devint un «lieu de la créativité» dans
lequel la protection des monuments et l'architecture
moderne forment un alliance réussie. Des architectes

When a structural transformation from production to the
service sector emerged in Düsseldorf in the seventies, the
harbor, which was built around 100 years ago, became
unprofitable and the grounds on the southwestern out-
skirts of the center, directly on the Rhine, were released
for conversion for other use by the City Council. To
date, 750 million marks have been invested and 3000 new
jobs have been created on the available property having
an area of 90,000 m². The old trade center was turned
into a "creative center", in which protection of historical
monuments and modern architecture have formed a con-

７０年代にデユヤルドルフで製造業からサービス業への構造改革
が行われた時、約１００年に及ぶ港湾は採算の取れないものとな
り、市中心部の南西端、ライン川に面している地域が、市議会
から改造のために提供された。その自由になつた９万平方メータ
ーの土地に、今日に至るまで７億５千万マルクが投資され、新た
に３０００人分の職場が確保された。古い商業地域から「創造の
地域」が生れ、そこでは史跡保護と現代的な建築とが見事に結び

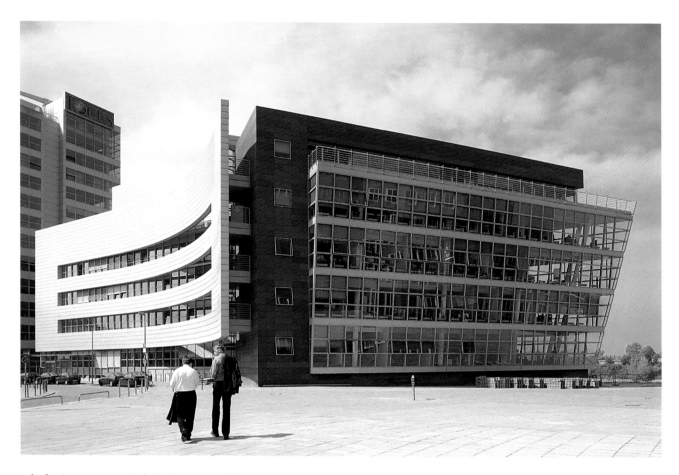

schaft eingegangen sind. Bekannte Architekten aus dem internationalen und regionalen Bereich haben neue Maßstäbe gesetzt. Was in den achtziger Jahren mit Parlamentsgebäude, Rheinturm und WDR begann, wurde mit einer gelungenen Mischung moderner Architektur (rechts von Frank O. Gehry und oben das „Kai-Center" von Döring Dahmen Joeressen), insbesondere für die kreativen Bereiche, bis heute fortgesetzt. Hier, im alten Zollhafen, haben heute Werbung und Mode, Funk, Film und Fernsehen und seit 1999 die Staatskanzlei im „Stadttor" ihr Domizil gefunden.

connus sur la scène régionale et internationale établirent de nouveaux standards. Ce qui commença dans les années quatre-vingts avec l'édifice du parlement, la tour du Rhin et le WDR se poursuit jusqu'à nos jours avec un mélange réussi d'architecture moderne (à droite de Frank O. Gehry et ci-dessus le «Kai-Center» de Döring Dahmen Joeressen) surtout dans les secteurs de création. La publicité, la mode, la radio, le cinéma et la télévision et, depuis 1999, la chancellerie d'état sont domiciliés dans le vieux port de la douane à la «Porte de la Ville».

vincing partnership. Well-known international and regional architects have set new standards. What began in the eighties with a parliament building, Rhine Tower and WDR has been continued with a successful blend of modern architecture (right: by Frank O. Gehry and above the "Kai-Center" from Döring Dahmen Joeressen), particularly for the creative fields, down to today. Here in the old customs harbor advertising and fashion, radio, film and TV and since 1999 the state chancellery have found their home in "Stadttor".

合つている。著名な建築家達が（右 フランクグ ーリーによゐ）外国からも地域社会からも参加し、そこに新たなゐ基準を設けた。８０年代に州議事堂とライン塔と西ドイツ放送とによつて始まつた現代建築との混合は成功し、更に今日まで、特に創造的分野において改造が進められた。ここ、昔の通關港では現在、宣伝、モード、放送、映画、テレビ關係の会社が（上 メデイアハウス）、また１９９９年からは官厅が居を構えていゐ。

Stadt am Strom

Der Rhein, der die Stadt in fast 53 Kilometern Länge durchfließt, hat von jeher ihr Bild und ihren Lebensrhythmus bestimmt. Das Treiben auf dem Rhein ist nicht weniger geschäftig als in der City. An der Lambertus-Basilika und dem alten Schloßturm tuckern nicht nur Lastkähne und Ausflugsboote vorbei – auch Hotelschiffe, Segel- und Motorboote und sogar Ruderer kreuzen vor der malerischen Kulisse. Wer bekäme da nicht Lust auf eine Rheinpartie! Die weißen Ausflugsdampfer steuern die mittelalterliche Feste Zons im Süden ebenso an wie das verwunschene Barbarossa-Domizil Kaiserswerth.

Le Rhin a toujours joué un rôle déterminant pour le rythme de vie et l'aspect de la ville. Il la traverse sur près de 53 km. L'activité sur le Rhin n'est pas moins intense que dans le centre ville. Sur le fond pittoresque de la basilique Lambertus et de la vieille tour du château se pressent péniches, bateaux d'excursion, bateaux hôtels, embarcations à voiles, à moteur et même à rames. Qui n'aurait envie de faire un tour sur le Rhin! Les bateaux d'excursion blancs mettent le cap sur la forteresse médiévale de Zons de même que sur Kaiserswerth, la demeure enchantée de Barberousse.

The Rhine has always defined the appearance and rhythm of the city. It flows through it along a length of almost 53 kilometers. Activity on the Rhine is not less bustling than in town. Not only barges and excursion boats chug past the Lambertus Basilica and the old Palace Tower – hotel ships, sailboats, motorboats and even rowboats cross paths in front of this picturesque setting. Who couldn't be enticed into a Rhine outing here! The white excursion boats sail to the medieval fortifications of Zons in the south as well as to the enchanted Barbarossa domicile, Kaiserswerth.

市を約５３㎞にわたり流れるライン川は、ずっと昔から街の姿と生活のリズムを定めてきた。ライン川上の往来も又街中に劣らず少なくない。ラムベルトス大聖堂と古い塔の側を荷を積んだ平底船や遊覧船が通り過ぎるだけでなくホテル船、ヨット、モーターボート等あるいは普通のボートさえもが絵にかいたような舞台を横切る。ライン川パーティに参加したがらない者がいるだろうか。白い遊覧船が南部地方へ、例えばバーバロッサの居城があった魅力的なカイザースヴェルトの中世風祝宴地域へと我々を導く。

Auf dem Fluß verläuft zum größten Teil die Stadtgrenze. Nur ganze 13 Quadratkilometer vom westlichen Ufer gehören zu Düsseldorf. Für die Rheinanlieger, die es auf das linke Ufer verschlagen hat, wird Pendeln großgeschrieben: Vom Wohnort zum Arbeitsplatz, zum Flugplatz, zum Rheinstadion, zum Theater, zum Shopping. Drei Brücken überspannen den Strom, und wer mit Vater Rhein mehr auf Tuchfühlung gehen will, kann auf die Autofähre ausweichen.

La limite de la ville est constituée, en grande partie, par le fleuve. Seuls 13 km² de la rive ouest font partie de Düsseldorf. Les voisins de la rive gauche font la navette: pour rejoindre leur domicile, leur place de travail; l'aéroport, le stade, le théâtre, les magasins. Trois ponts enjambent le fleuve et, pour qui aime le coude à coude avec le Père Rhin, il y a aussi le bac.

The city limits run for the most part along the river. Only 13 square kilometers of the west bank belong to Düsseldorf. Commuting is the motto for Rhine residents who have ended up on the left bank: From home to work, to the airport, to the Rhine Stadium, to the Theater, shopping. Three bridges span the river, and those who wish to get closer to Father Rhine can take the car ferry.

市の境界線は大部分川の上を通っている。西岸の１３平方キロのみがデュッセルドルフに属する。左岸に移り住んだ人達にとって左右岸間の往復は、重要である。『住居地から仕事場へ、飛行場へ、競技場へ、劇場へ、ショッピングへ』３本の橋が流れに架橋されているが、一枚の板切れで父なるラインと共に行きたい者はカーフェリーを利用できる。

Scherenkreuzer, Ruderboot und Ausflugsdampfer – ideale Zutaten für eine Rheinidylle vor der Kulisse des Schloßturmes. Dieser Turm ist das einzige, was von dem 1872 abgebrannten Schloß übriggeblieben ist. Seit 1984 ist hier

Voilier embarcation à rames, bateau de plaisance et, à l'arrière-plan, la tour du Château: tout ceci compose une image idyllique du Rhin. La vieille tour est le seul vestige du château qui brûla en 1872. Depuis 1984 le musée de

Cruise ships, rowboats and excursion boats – ideal ingredients for an idyllic scene on the Rhine with the castle tower as the backdrop. The old tower is all that is left of the palace that burned down in 1872. The Ship-

クルーザー、ボート、遊覧船は、城の塔という舞台の前に広がるライン川牧歌的風景の理想的な付属品である。この塔は１８７２年に焼け落ちた城の中で、唯一残ったものである。１９８４年からはここは航海博物館になっており、塔の壁の

das Schiffahrt-Museum untergebracht. In seinen Mauern werden 2000 Jahre Schiffahrtsgeschichte wieder lebendig. Die Gaststätte der Rheinterrassen aus den 20er Jahren dokumentiert dagegen bereits eine Etappe der Entwicklung des modernen Zweckbaus.

la Navigation y a été aménagé. Le restaurant «Rheinterrassen» datant des années 20, illustre, quant à lui, une étape du développement de l'architecture fonctionnelle.

ping Museum has been located here since 1984. The "Rheinterrassen" restaurant dating from the twenties, on the other hand, documents a stage in the development of modern functional architecture.

内側では２０００年の航海の歴史が再び生き生きと甦っていることだろう。それに対して２０年代に建てられたライン川レストランは、すでに近代的な機能本位建築への発展段階であることをはっきりと示している。

Bummeln, auf der Freitreppe sitzen, den Schiffen nach-
schauen – wer im Großstadtgetümmel abschalten will,
wird auf der Uferpromenade glücklich. Noch beschauli-
cher geht's auf den linken Rheinwiesen zu, die wollige
Tupfen säumen. Nur wenn im Juli die Schausteller
anrücken, müssen die Schafe weichen.

Flâner, s'asseoir sur les marches, regarder les bateaux...
toute personne qui désire se recueillir un moment, loin de
la foule, appréciera la promenade au bord du fleuve. Les
prairies de la rive gauche, parsemées de touffes de laine
sont encore plus paisibles. Durant le seul mois de juillet
les moutons cèdent leur place aux exposants.

Strolling, sitting on the steps, watching the ships pass by
– those who wish to escape the hustle and bustle of the
big city will enjoy the promenade along the shore. The
grass on the left bank of the Rhine with its woolly grazers
offers an even more tranquil spot. The sheep are forced to
move only when the fair comes to town in July.

ぶらぶら歩く、外の階段に腰を降ろす、船を眺める－大都会
の喧噪から離れたければ川岸の遊歩道が都合良い。もっと静
かなのはモコモコした羊が点在する左側のライン草原の方で
ある。ただ7月に展示会の参加者達が押し寄せると、羊たち
は逃げなければならないのだ。

Kirchen: Prunkvolle Zeugen des Aufstiegs

St. Maximilian gehört zu den Kirchen Düsseldorfs mit bewegtem Vorleben. Ursprünglich hieß sie St. Antonius von Padua und gehörte zu einem Franziskanerkloster. 1737 gebaut, durfte sie ihren Namen aber kaum ein Menschenalter lang behalten. Das Kloster wurde aufgelöst und sein dreischiffiges Schmuckstück 1805 zur Pfarrkirche gekürt. Seitdem heißt sie St. Maximilian oder besser: Maxkirche, wie sie die Düsseldorfer liebevoll nennen.

Saint-Maximilien appartient aux églises de Düsseldorf ayant eu un passé mouvementé. A l'origine elle était dédiée à St Antoine de Padoue et faisait partie d'un monastère franciscain. Construite en 1737 elle ne conserva ce nom que pendant une génération. Le monastère fut dissous et son joyau à trois nefs devint église paroissiale. Depuis elle s'appelle Saint-Maximilien ou plutôt Maxkirche, comme les habitants de Düsseldorf la nomment affectueusement.

St. Maximilian is one of Düsseldorf's churches with an eventful past. Originally called St. Antonius von Padua it belonged to a Franciscan monastery. Built in 1737, it was only allowed to retain its name for barely a human lifetime. The monastery was closed down and its three-nave gem was chosen to become a parish church in 1805. Since that time its name has been St. Maximilian or better: "Maxkirche", as it is endearingly called by Düsseldorf residents.

聖マクシミリアン教会は波乱に富む前歴のある教会の一つ。もとは聖アントニウス　フォン　パドアと呼ばれ、フランシスコ修道会に属していた。１７３７年に建てられた時のその名前は人の一生の長さ程も保たれなかった。修道院は解散され、その本堂の装飾宝石類は１８０５年に教区教会に分配された。それ以来聖マクシミリアン教会と、あるいは市民より親愛を込めて『マックス教会』と呼ばれる。

Der Innenraum von St. Maximilian besteht aus einer luftigen Halle, in der sich Kreuzgratgewölbe und Säulen mit ionischen Kapitellen erheben. Die feinen Stukkaturen an den Gewölben und unter der Orgelbühne sind italienische Handarbeit aus dem Jahre 1766. Von der Rokoko-Ausstattung ist besonders die Kanzel von 1737 bemerkenswert. Das mächtige Adlerpult aus Maastrichter Gelbguß ist dagegen um einiges älter: Es stammt aus dem 15. Jahrhundert und wurde aus dem Kloster Altenberg übernommen.

L'intérieur de Saint-Maximilien consiste en un vaisseau spacieux surmonté d'une voûte d'arêtes et supporté par des colonnes aux chapiteaux ioniques. Les stucs de la voûte et sous la tribune d'orgue ont été effectués à la main et sont d'origine italienne. Ils datent de 1766. De la décoration intérieure de style rococo, il faut mentionner, en particulier, la chaire de 1737. Le puissant lutrin à l'aigle fut fondu à Maastricht. Il date du 15e siècle et provient du monastère d'Altenberg.

The interior of St. Maximilian consists of an airy hall, in which cross vaults and pillars with Ionic capitals tower above one. The fine stucco work on the vaults and under the organ platform are Italian handicraft dating from 1766. Of the rococo furnishings the pulpit of 1737 is especially remarkable. The mighty eagle lectern made of Maastricht brass casting, on the other hand, is quite a bit older: It dates from the 15th century and was taken from Altenberg Monastery.

聖マクシミリアン教会の内部は丈高い広間から成り、そこには交差ヴォールトとイオニア式柱頭のついた柱がそびえている。オルガン台の下とヴォールトのそばの漆喰細工はイタリアの繊細な手仕事。ロココ式装飾では特に1766年に作られた説教壇が注目に値する。鷲をかたどった立派な説教台はマーストリヒトの黄銅鋳造で、もう少し古く、15世紀まで遡る。アルテンベルクの修道院から引き継いだ物である。

Herzog Wilhelm von Pfalz-Neuburg ließ St. Andreas 1622–29 für die Jesuiten errichten. Heute gilt die Kirche als eine der bedeutendsten künstlerischen Leistungen des 17. Jahrhunderts im niederrheinischen Raum. In St. Andreas hat neben den Neuburgern auch Jan Wellem, der 1716 starb, seine letzte Ruhe gefunden.

Le duc Wilhelm von Pfalz-Neuburg fit construire l'église Saint-Andreas de 1622 à 1629 pour les jésuites. Aujourd'hui elle passe pour être l'une des créations artistiques les plus importantes du bas Rhin. Les Neuburg y reposent de même que Jan Wellem qui mourut en 1716.

Duke Wilhelm von Pfalz-Neuburg had St. Andreas built for the Jesuits from 1622–29. Today it is considered one of the most significant 17th century artistic achievements in the lower Rhine region. Besides the Neuburgs, Jan Wellem, who died in 1716, was also laid to rest here.

選帝侯ヴィルヘルム　フォン　バルツ・ノイブルクは聖アンドレアス教会を１６２２－２９年イエズス会の為に造らせた。この教会はライン下流地方における１７世紀の最も意義ある芸術成果の一つ。１７１６年に死去したヤン　ヴェレム（ヴィルヘルム侯の別名）はここに最後の休息を見いだした。

St. Lambertus aus dem 13. Jahrhundert gehört zu den ältesten Kirchen der Stadt. Berühmt sind das spätgotische Sakramentshaus und die Schatzkammer, beeindruckend auch die Verbindung von Historie und Neuzeit: Wer zum Grabmal Herzog Wilhelm des Reichen (1592) gelangen will, passiert das progressive Hauptportal von Ewald Mataré, das dieser 1960 schuf. Großen Namen begegnet man auch auf dem Golzheimer Friedhof. Hier liegt Maximilian Weyhe begraben, Wilhelm von Schadow, der Dichter Karl Immermann und der Maler Peter von Cornelius.

Saint-Lambert du 13e siècle est l'une des plus vieilles églises de la ville. Le tabernacle, de style gothique et le trésor sont particulièrement célèbres. L'alliance de l'ancien et du moderne est aussi très intéressante: qui veut atteindre le monument funéraire du duc Guillaume le Riche (1592), passe par le portail d'Ewald Mataré datant de 1960. L'on rencontre aussi de grands noms dans le cimetière de Golzheimer. Ici sont enterrés Maximilian Weyhe, Wilhelm von Schadow, le poète Karl Immermann et le peintre Peter von Cornelius.

13th century St. Lambertus is one of the city's oldest churches. The late Gothic sacrament house and the treasury are famous, the connection between the historical and the modern is also impressive: Whoever wishes to see the tomb of Duke Wilhelm des Reichen (1592) goes past the progressive main portal created by Ewald Mataré in 1960. One also encounters great names at Golzheimer Cemetery. Maximilian Weyhe, Wilhelm von Schadow, poet Karl Immermann and painter Peter von Cornelius are buried here.

１３世紀から在る聖ラムベルトス教会は市の最も古い教会の一つ。後期ゴシックの聖体安置塔と宝物室が有名であり、歴史と新時代の結びつきが印象深い。つまり選帝侯ヴィルヘルム　デス　ライヒェン（１５９２年）の墓碑の所に行こうと思う者は、エヴァート　マタレが１９６０年に造りあげた正面玄関を通ることになる。ゴルツハイムの墓地には偉大な名前が色々見出される。マクシミリアン　ヴェイエ、ヴィルヘルム　フォン　シャドウ、詩人のインマーマン、画家のペーター　フォン　コルネリウス等が埋葬されている。

Die Musen geben den Ton an

Das Schauspielhaus erlangte unter Gustaf Gründgens internationalen Ruhm. 1905 gegründet, zog es 1971 in den von Bernhard Pfau entworfenen Neubau ein. Die Figuren, die heute vor der Städtischen Kunsthalle wachen, zierten einst den Giebel ihrer Vorgängerin aus dem 19. Jahrhundert, die 1967 abgerissen wurde. In dem Nachfolgebau werden Objekte der Avantgarde aus den unterschiedlichsten künstlerischen Bereichen zur Schau gestellt. In der Kunsthalle ist auch das „Kom(m)ödchen" zu Hause, Düsseldorfs erfolgreiches Kabarett.

Le «Schauspielhaus» devint internationalement célèbre sous la direction de Gustaf Gründgens. Fondé en 1905, il s'installa en 1971 dans le nouvel édifice conçu par Bernhard Pfau. Les statues devant le «Städtische Kunsthalle» décoraient jadis l'ancien édifice du 19e siècle qui fut démoli en 1967. Dans le nouvel édifice sont exposés des objets dûs à l'avant-garde de différents domaines artistiques. Dans le Kunsthalle se trouve aussi le «Kom(m)ödchen», le cabaret le plus populaire de Düsseldorf.

The "Schauspielhaus" received international fame under Gustaf Gründgens. Founded in 1905, it moved into the new building designed by Bernhard Pfau in 1971. The figures that keep guard in front of the Municipal Art Gallery today once adorned the gable of its 19th cent. predecessor, torn down in 1967. In the present edifice avant-garde objects of various artistic fields are on display. The Gallery also houses "Kom(m)ödchen", Düsseldorf's successful cabaret.

ギュスタフ　グリュンドゥゲンスの下、国際的名声を博した劇場は１９０５年に設立。１９７１年ベルンハード　パオの草案による新しい建物を得た。今日市立美術館の前に見張り番のように立っている像は、かつては１９世紀に建てられた前美術館（１９６７年破壊）の切妻を飾っていた。その後を継いだ新館では多種多様な芸術分野の前衛的な作品が展示されている。又常に評判の良いキャバレー『コメドヒェン』の演芸場もこの中に在る。

Die Deutsche Oper am Rhein, die in Form einer Bühnengemeinschaft mit Duisburg verbunden ist, zählt zu den führenden bundesdeutschen Musiktheatern. Prominente Dirigenten und Regisseure wie Ponnelle oder Schenk prägten ihren Ruf. Vor allem aber das Ballett sorgte für internationales Renommee.

«L'Opéra Allemand sur le Rhin» travaille en collaboration avec Duisburg. C'est l'un des principaux opéras de la République Fédérale. Des chefs d'orchestre et des régisseurs célèbres tels que Ponnelle ou Schenk contribuèrent à sa réputation mais c'est surtout son ballet qui lui apporta une renommée internationale.

The "Deutsche Oper am Rhein", connected with Duisburg as a joint theater, is one of West Germany's leading musical theaters. Prominent conductors and directors, such as Ponnelle or Schenk, established its reputation. Particularly the ballet provided for international fame.

『ラインのオペラ座』はドイスブルク市と舞台連帯という形で提携しており、連邦内でも指導的なミュージックシアターに数えられてる。ポネルやシェンクのような傑出した指揮者と監督がその声価を築いたが、なによりもここのバレエが国際的名声を確かなものとしてる。

Wo früher der Sternenhimmel gedeutet wurde, nimmt heute ein Orchester Platz. Die Tonhalle am Rhein entstand im ehemaligen Planetarium und wurde 1978 eröffnet. Der Konzertsaal bietet 2000 Personen Platz und besticht durch seine brillante Akustik.

Là où l'on scrutait autrefois la voûte céleste est installé aujourd'hui un orchestre. Le «Tonhalle» sur le Rhin fut aménagé dans l'ancien Planetarium et inauguré en 1978. La salle de concert contient 2000 places et séduit par sa brillante acoustique.

Where star formations were once interpreted is today the site of an orchestra. "Tonhalle" on the Rhine was set up in the former planetarium and was opened in 1978. The concert hall offers space for 2000 persons and captivates with its brilliant acoustics.

以前星座を示していた所に、今はオーケストラの席がある。『ライン音楽ホール』は１９７８年に開かれたが、そこはかつてプラネタリウムであった。コンサート広間には２０００人分の座席があり、その素晴らしい音響効果が客を魅了する。

Nach 25 Jahren erhielt die Kunstsammlung Nordrhein-Westfalen 1986 endlich ein Zuhause – und was für eines! „Konzertflügel" tauften die Düsseldorfer den kostbaren Tempel der Bildenden Kunst mit der geschwungenen Fassade aus Granit. Die dänischen Architekten Dissing/Weitling holten ihn von der Ostseeinsel Bornholm.

La «Kunstsammlung Nordrhein-Westfalen» attendit 25 ans avant d'obtenir, en 1986, son propre bâtiment – mais quel bâtiment! Les habitants de Düsseldorf le baptisèrent «le piano à queue» à cause de l'envolée de sa façade de granit. Les architectes danois Dissing/Weitling le firent venir de l'île balte de Bornholm.

After 25 years the Art Collection of North-Rhine West-phalia finally received a home in 1986 – and what a home! The precious temple of fine arts with its curved facade of granite, obtained from Bornholm by Danish architects Dissing/Weitling, was christened "Concert Grand" by Düsseldorfers.

ノーストヴェストファレン州の美術品コレクションは２５年後やっとその住居を得た、がなんという建物！ 弧状を描く建物正面は御影石でできており、この高価な美術の殿堂を市民は『グランドピアノ』と名付けた。デンマークの建築家ディシングとヴァイトリングがバルト海のボルンホルム島からこの石を運んで来た。

In der Kunstsammlung trifft der Besucher Meisterwerke des 20. Jahrhunderts wie Arbeiten von Picasso, Max Ernst, Braque, Kandinsky, Chagall bis hin zu Roy Lichtenstein und Andy Warhol. Den Grundstock für diese einmalige Sammlung bildeten 88 Bilder von Paul Klee, die die Landesregierung 1960 erstand.

Dans le «Kunstsammlung» le visiteur trouve des chefs-d'œuvre du 20e siècle allant de Picasso, Max Ernst, Braque, Kandinsky, Chagall à Roy Lichtenstein et Andy Warhol. Cette collection unique se développa à partir de 88 tableaux de Paul Klee acquis par le gouvernement du land en 1960.

At the Art Collection visitors encounter masterpieces of the 20th century, such as works by Picasso, Max Ernst, Braque, Kandinsky, Chagall as well as Roy Lichtenstein and Andy Warhol. 88 paintings by Paul Klee, purchased by the state government in 1960, form the basis of this unique collection.

このコレクションにはピカソやマックス　エルンスト、ブラック、カンディスキー、シャガール等からロイ　リヒテンシュタインやアンディ　ウォーホールまで20世紀の巨匠達の傑作がみられる。1960年州政府が買い求めたポール　クレーの絵88点がこのユニークなコレクションを主に形作っている。

Ein Symbol musischer Tradition ist für Düsseldorf die Staatliche Kunstakademie. Aus ihr ging die „Düsseldorfer Malerschule" des 19. Jahrhunderts hervor. Peter von Cornelius und Wilhelm von Schadow gehörten zu den bekanntesten Akademieleitern. Auch Paul Klee und Joseph Beuys lehrten hier.

La «Staatliche Kunstakademie» est un symbole de la tradition artistique de Düsseldorf. Elle est à l'origine de «l'école de Düsseldorf» du 19e siècle. Peter von Cornelius et Wilhelm von Schadow sont parmi ses directeurs les plus connus. Paul Klee et Joseph Beuys enseignèrent aussi ici.

The State Art Academy is for Düsseldorf a symbol of musical tradition. It gave birth to the "Düsseldorf Painter School" of the 19th century. Peter von Cornelius and Wilhelm von Schadow were among the most famous academy directors. Paul Klee and Joseph Beuys also taught here.

国立芸術アカデミーはデュッセルドルフの芸術的伝統のシンボルである。１９世紀の『デュッセルドルフ絵画学校』はここから発生したもの。ペーター　フォン　コルネリウスとヴィルヘルム　フォン　シャドウはアカデミーの最も有名な校長であり、ポール　クレーとヨゼフ　ボイズもここで教鞭をとった。

Im Hauptgebäude des Ehrenhofes, das 1927 von Wilhelm Kreis errichtet wurde, breitet das Kunstmuseum seine vielfältigen Schätze aus. Präsentiert werden Gemälde, Grafiken und Plastiken, darunter sakrale Kunst aus Mittelalter, Renaissance und Barock. Die Glassammlung ist eine der umfassendsten Spezialkollektionen der Welt.

Dans le bâtiment principal du Ehrenhof, construit en 1927 par Wilhelm Kreis, le «Kunstmuseum» expose ses multiples trésors. Il présente des tableaux, des dessins, des plastiques, des œuvres de l'art sacré du Moyen Age, de la Renaissance et de la période baroque. La collection de verre est l'une des plus importantes collections spécialisées du monde.

The Art Museum spreads out its various treasures in the main building of Ehrenhof, built by Wilhelm Kreis in 1927. Paintings, graphic art and sculptures, including sacral art of the Middle Ages, Renaissance and Baroque. The glass collection is one of the largest special collections in the world.

ヴィルヘルム　クライスが１９２７年に設立したエーレンホーフの中心的建物の中に美術館があり、その豊富な宝を陳列してる。絵画、グラフィック、彫像等。中には中世とルネッサンスとバロックの宗教美術品等も呈示されている。又そのガラス製品コレクションは広汎なものである。

Einmalig in der Bundesrepublik ist die keramische Kollektion des Hetjen-Museums, die im Palais Nesselrode zu bewundern ist. Sie basiert auf der Hinterlassenschaft von Laurenz Heinrich Hetjen, der seiner Vaterstadt 1906 nicht nur wertvolle Objekte, sondern auch Vermögen zum Aufbau der Sammlung hinterließ.

La collection de céramique du Hetjens-Museum, aménagée dans le palais Nesselrode, est unique en République Fédérale. L'héritage laissé par Laurenz Heinrich Hetjen en est à l'origine. Ce dernier fit également don à sa ville natale d'une importante fortune permettant de consolider la collection.

Hetjen-Museum's ceramic collection, which can be admired in Palais Nesselrode, is unique in the Federal Republic of Germany. It is based on the estate of Laurenz Heinrich Hetjen, who left his home town valuable objects as well as funds to set up the collection in 1906.

アルトシュタットのネッセルローデ邸に在るヘティエン博物館の陶磁器コレクションはドイツ国内でもユニークなもの。これはローレンツ　ハインリッヒ　ヘティエンの遺産を基にしており、彼は１９０６年　市に高価な品物だけでなく、コレクションを作りあげる為の財産をも遺贈したのである。

Das Deutsche Keramikmuseum führt anhand von rund 10 000 Exponaten 8000 Jahre Kulturgeschichte vor. Antikes, orientalisches sowie europäisches Steingut sind ebenso Bestandteile wie Fayencen und Porzellan.

Les quelques 8000 pièces exposées dans le «Deutsche Keramikmuseum» illustrent 10 000 ans d'histoire de la culture. Des poteries antiques, orientales et européennes de même que des objets de faïence et de porcelaine y sont exposés.

The German Ceramics Museum presents 8,000 years of cultural history on the basis of roughly 10,000 exhibits. They include antique, oriental and European stoneware as well as faïence and porcelain.

ドイツ陶磁器館は約１万個の展示物により８０００年に及ぶ文化史を呈する。骨董品、オリエント又はヨーロッパの石器、マジョリカ陶器、陶磁器類がある。

Eine Pilgerstätte für Literatur-Liebhaber und Wissenschaftler ist das Goethe-Museum im Rokokoschloß Jägerhof, dem 1763 erbauten Domizil der fürstlichen Oberjäger. Mit rund 38 000 Objekten verfügt es nach Frankfurt und Weimar über die drittgrößte Kollektion zu Leben, Werk und Zeit des Dichters.

Un lieu de pèlerinage pour les passionnés de littérature et les savants: le Goethe-Museum dans le château de Jägerhof, construit en 1763 pour le grand veneur. Avec ses quelques 38 000 pièces exposées il constitue la troisième collection en importance sur la vie, l'œuvre et l'époque du grand poète.

The Goethe-Museum in the rococo palace, Jägerhof, built as a domicile for royal hunters in 1763, is a treasure trove for literature lovers and scientists. With aproximately 38,000 objects it has the third largest collection on the life, works and times of the poet, after Frankfurt and Weimar.

ゲーテ博物館は、１７６３年貴族達が狩猟する際の宿所用に建てられたロココ式城館『イエーガーホーフ』にあり、ここは文学愛好者や学者にとって一つの巡礼地のようなもの。この詩人の生活、作品、時代に関する約３８０００点のコレクションは、フランクフルト、ヴァイマーに次いで大きい。

Den Grundstock für das Goethe-Museum legte die ehemalige Privatsammlung Anton Kippenbergs (1872–1950), Verleger und Inhaber des Insel-Verlages. Seine umfangreiche Dokumentation ergänzen eine Bibliothek mit Erst- und Frühdrucken, Werke der bildenden Kunst, Grafiken und naturwissenschaftliche Instrumente.

L'ancienne collection privée d'Anton Kippenberg (1872–1950), éditeur et propriétaire de la maison d'édition «Insel» est à l'origine du Goethe-Museum. La vaste documentation inclut une bibliothèque avec éditions très anciennes, spécimens d'art graphique, dessins et instruments scientifiques.

The former private collection of Anton Kippenberg (1872–1950), publisher and owner of Insel Publishing House, formed the basis for the Goethe-Museum. His extensive documentation is supplemented by a library with first and early prints, works of art, graphic art and natural science instruments.

出版者でありかつインゼル出版社の所有者であったアントン　キッペンベルク（１８７２－１９５０年）の個人収集がゲーテ博物館の基礎となっている。彼の膨大な記録資料、初版、初期の版、絵画、グラフィック、及び自然科学用器具類を揃え、書庫をより完全なものとしている。

Was liegt für eine Stadt an der alten Hauptwasserstraße Europas näher, als die Geschichte der deutschen Binnenschiffahrt einem eigenen Museum anzuvertrauen – und zwar direkt am Rhein! Im alten Schloßturm haben 120 Schiffsmodelle ihren Hafen gefunden: vom Kreuzfahrer-Schiff über mittelalterliche Frachtkähne bis zu Dampfern, Segelschiffen, Fischer- und Motorbooten. Zahlreiche Bild- und Textdokumente vervollständigen das Puzzle zu einem eindrucksvollen Bild besonders von der Entwicklung der Rheinschiffahrt.

Quoi de plus normal pour une ville située sur la vieille voie d'eau la plus importante d'Europe que de dédier un musée à l'histoire de la navigation intérieure en Allemagne – et ceci juste au bord du Rhin! 120 modèles de bateaux ont trouvé un port dans la vieille tour du château: navires des croisades, péniches médiévales, bateaux à vapeur, à voiles, bateaux de pêche et à moteur. De nombreuses illustrations complètent ce puzzle et donnent une idée impressionnante du développement de la navigation sur le Rhin.

What is more natural for a city on Europe's old main waterway than to set up a separate museum for the history of German inland shipping – directly on the Rhine! In the old palace tower 120 model ships have found their harbor: from a cruise ship to medieval barges as well as steamers, sailing ships, fishing and motor boats. Numerous pictorial and written documents complete the puzzle and provide an impressive picture, especially of the development of Rhine shipping.

ヨーロッパの古い主要水路の町で、ドイツ内水航行の歴史を託す独自の博物館にここ以上にふさわしい場所があるだろうか－－ライン川のすぐ畔！120のモデル船が古い塔の中にその港を見い出した。巡航船、中世の荷船、蒸気船、帆船、漁船、モーターボート等。豊富な図や文書類がパズルを補い、印象的な一枚の絵を、特にライン航行の発展に関する絵を描き出している。

Wer die Geschichte Düsseldorfs tiefer ergründen will, ist am besten im Stadtmuseum aufgehoben. Hier erwarten den Besucher Grabungsfunde aus der Jungsteinzeit ebenso wie Zeugnisse aus der jüngsten Gegenwart. Der Tribut an Düsseldorfs Ruf als Kulturmetropole bleibt nicht aus: Die Ausstellung folgt deren steilen Aufstieg als Kunst- und Gartenstadt im 19. Jahrhundert und der Geburt der Maler-schule bis zur Situation der Künstler seit dem ersten Welt-krieg, besonders im nationalsozialistischen Widerstand.

Qui veut approfondir l'histoire de Düsseldorf se rendra au Stadtmuseum. Les pièces exposées vont du néolithique à l'époque actuelle. Le musée rend hommage au rôle culturel de Düsseldorf: l'exposition suit l'ascension rapide qui fit d'elle au 19e siècle, une ville des arts et des jardins et la naissance de l'école de peinture jusqu'à la situation des artistes depuis la Première Guerre Mondiale et surtout leur résistance au nationalsocialisme.

Whoever wishes to examine Düsseldorf's history more closely is advised to go to the Municipal Museum. Here visitors can view excavation finds from the New Stone Age as well as objects from the present. The tribute to Düsseldorf's reputation as a cultural metropolis is not lacking: The exhibition follows its rapid ascent as an art and garden city in the 19th century and the birth of the painter school up to the situation of artists since the First World War, particulary in the Nazi resistance.

市の歴史を探求したい者に一番良いのは市立博物館に足を留どめる事である。新石器時代の発掘物から現代を証言する物まで見る事ができる。文化都市としての市の名声への捧げものにはこと欠かない。展示は１９世紀における芸術都市、及び庭園都市として急上昇、絵画学校誕生から第一大戦後の芸術家の立場ーー特にナチ時代のレジスタンスまで辿っている。

Das Stadtmuseum, 1993 erweitert, ist im sogenannten Speeschen Palais untergebracht, einem Stadthaus der Grafen von Spee aus der zweiten Hälfte des 17. Jahrhunderts. In seinem Park läßt sich nicht nur wunderbar spazierengehen, sondern auch ausruhen, wie die »Alte Frau im Sessel« von Waldemar Otto beweist. Der Künstler bot ihr 1981 dieses schattige Plätzchen an.

Le Stadtmuseum est logé dans le «Speeschen Palais», une maison de ville des comtes von Spee datant de la deuxième moitié du 17e siècle. Dans son parc on peut faire de belles promenades mais aussi se reposer comme «la vieille femme dans un fauteuil» de Waldemar Otto le prouve. L'artiste lui offrit cette bonne petite place à l'ombre en 1981.

The Municipal Museum is located in the so-called Speeschen Palais, a town house of the counts von Spee from the second half of the 17th century. Its park is not only wonderful for walks but also for a rest, as the "Old Woman in Armchair" by Waldemar Otto demonstrates. The artist offered her this shady spot in 1981.

市立博物館はスペーシェンパレスと呼ばれる建物（ファン　スペー伯爵のタウンハウスで１７世紀後半に建立）の中にある。ここの公園は散歩に適しているだけでなく、休息を取るにも良い、木陰に休む『安楽椅子の老婦人』のように。これは１９８１年ヴァルデマー　オットーによるもの。

WALDEMAR OTTO
DIE FRAU IM SESSEL

Ein Lustschloß des Spätbarock – das Jagdschloß Benrath. Mit seiner wohlkomponierten Einheit von Bauten, Gärten und Gewässern versetzt es noch heute den Besucher in Erstaunen über die Künste des Architekten. Kurfürst Karl Theodor ließ es Mitte des 18. Jahrhunderts von Nicolas de Pigage errichten.

Le château de chasse de Benrath avec son ensemble harmonieux de bâtiments, de jardins et de fontaines. Encore aujourd'hui l'habileté de l'architecte remplit d'étonnement. Le prince-électeur Karl Theodor le fit construire au milieu du 18e siècle par Nicolas de Pigage.

A summer residence of the late baroque, Benrath Hunting Lodge. With the harmonious unity of buildings, gardens and water created by the architect it still awes visitors today. Elector-Prince Karl Theodor had it built by Nicolas de Pigage in the middle of the 18th century.

後期バロックの別邸、ベンラート狩猟館。建物と庭園と池川の調和のとれた組み合わせで、その建築術は今日なお訪問者を感嘆させる。18世紀半ば選帝侯カール　テオドールがニコラス　ドゥ　ヒピガージュに命じて造らせた。

Das scheinbar so kleine Schloß verfügt über 83 Räume und ist ein ausgeklügeltes System mit gleichen Hälften und dem durch alle Stockwerke führenden Kuppelsaal in der Mitte der Parkseite. Der Clou: Zwischen zwei Kuppel-schalen verborgen befindet sich eine Musikempore.

Le château qui semble si petit dispose de 83 pièces. C'est un système ingénieux composé de deux moitiés semblables et de la salle à coupole, au centre du côté du parc, qui s'élève sur toute la hauteur du bâtiment. Le clou: entre deux coupoles est dissimulée une galerie pour les musi-ciens.

The seemingly so small palace has over 83 rooms and is a sophisticated system with equal halves and the domed hall running through all floors in the middle of the park side. The trick: There is a music gallery concealed between two dome shells.

この一見小さく見える城には８３室以上の部屋があり、左右均等のよく考え尽くされたシステムで、すべての階に通じている丸天井のホールが公園側の中央にある。ハイライトは二つの丸天井のシェルの間に隠れている合唱隊席。

Freizeit wird großgeschrieben

Was einst als Jahrmarkt begann, ist heute ein neuntägiges Spektakel: Jedes Jahr strömen mehr als vier Millionen Besucher zur Größten Kirmes am Rhein. Mit diesem Volksfest und einer großen Parade durch die Altstadt feiert der St. Sebastianus Schützenverein den Namenstag seines Schutzpatrons St. Apollinaris. Im Karneval regieren die kostümierten „Jecken". Von Weiberfastnacht bis Aschermittwoch singen, schunkeln und tanzen sie sich durch die „tollen Tage". Höhepunkt des närrischen Treibens ist der Rosenmontagsumzug, bei dem die Stadt in einem „Kamellenregen" versinkt.

Ce qui était jadis une foire annuelle est devenu un chahut qui dure neuf jours. Chaque année plus de neuf millions de visiteurs affluent à la «Grössten Kirmes am Rhein». L'association des tireurs de St. Sebastianus honore son saint patron avec cette fête populaire et un grand défilé qui traverse la vieille ville. Pendant le carnaval ce sont les «Jecken» costumés qui dominent la scène. Du mardi gras au mercredi des cendres ils chantent, dansent et «schunkeln» tout au long des «folles journées». Le défilé du lundi gras marque l'apogée du carnaval. Une pluie de caramels tombe alors sur la ville.

What once began as a fair, is now a nine-day spectacle: every year over four million visitors flock to the Biggest Fair on the Rhine. With this popular festival and a large parade through the Old Town the St. Sebastianus Shooting Club celebrates the name day of its patron saint, St. Apollinaris. During Carnival the costumed "fools" reign, and from "Weiberfastnacht" to Ash Wednesday they sing, swing and dance their way through the "crazy days". The high-point of foolish activity is the Rosenmontag Parade.

かつては年の市として始まったものが、今日では9日間にわたる騒ぎとなり、毎年400万人以上がライン川沿いの「大キルメス」に押しかけるのだ。この祭りとアルトシュタットを抜ける大パレードとで、聖セバスティアヌス射撃同好会はその守護聖人である聖アポリナリスの聖名祝日を祝う。カーニバルは仮装した道化たちに支配され、人々は「女性の謝肉祭」から「灰の水曜日」まで、腕を組んで歌ったり踊ったりしてこの「素晴らしき日々」を過ごす。このばか騒ぎの頂点は「バラの月曜日」の行列で、街にはキャンディの雨が降り注がれる。

Die Wege ins Grüne sind kurz. Im Schloßpark Benrath wachsen Kathedralen aus Bäumen in den Himmel, im Südpark kann man sich fast zu jeder Jahreszeit durch Blumenmeere treiben lassen (oben). Wanderfreunde zieht es ins Naturschutzgebiet Neandertal oder zum „Blauen See", einem geologischen Naturdenkmal in Ratingen.

Les espaces verts ne sont jamais bien loin. Dans le parc du château de Benrath les arbres semblent des cathédrales s'élançant vers le ciel. Dans le Südpark, on peut dériver à son gré dans une mer de fleurs presque en chaque saison de l'année (ci-dessus). Les amateurs de randonnées se rendront dans le site naturel protégé de Neandertal ou au «Lac Bleu» de Ratingen, une curiosité géologique.

The distances to green areas are short. In Schloßpark Benrath cathedrals of trees grow into the sky, in Südpark you can wander through seas of flowers in almost every season (above). Hiking fans are drawn to the Neandertal nature reserve or to the "Blue Lake", a natural geological monument in Ratingen.

緑あふれる自然への道は短い。お城公園ベンラートでは木立が天に向かって大聖堂のように高く伸びている。南公園ではほぼ各季節毎に花々の海の間を漂って行くことができる（右）自然保護地域ナンデルタールやラーティンゲンの地質学上の記念物『青い湖』も散歩好きの人々を引きつける。

Mit der Bundesgartenschau 1987 knüpfte Düsseldorf an seine Tradition als Gartenstadt erfolgreich an. Hinter dem Namen „Südpark" verbirgt sich seitdem ein abwechslungsreiches Gelände von fast 90 Hektar Größe, das den alten Volksgarten und die Kleingarten-Kolonien miteinbezieht.

L'exposition horticole de 1987 a permis à Düsseldorf de renouer avec sa tradition de ville des jardins. Le nom de «Südpark» désigne depuis lors une vaste étendue de près de 90 ha qui inclut le vieux jardin public et la colonie de petits jardins de banlieue.

Düsseldorf successfully drew on its tradition as a garden city for the National Garden Show in 1987. Since then „Südpark" has stood for varied grounds measuring 90 hectares and including the old "Volksgarten" and garden allotment areas.

デュッセルドルフは庭園都市としての市の伝統に１９８７年のガーデンショウを付け加えた。それ以来南公園という名前には古い国民公園と小庭園群を含む変化に富んだ９０ヘクター近くの土地が隠れている。

Wo kann man heute schon Zwergseebär, Geierschildkröte oder Hai in so artgerechtem Lebensraum erleben wie im Löbbecke-Museum und Aqua-Zoo! Beim Streifzug durch verschiedene Klimazonen trifft der Besucher rund 250 Tierarten. Der 1987 erstellte Museumsbau ist das größte Meerwasseraquarium Europas.

Où peut-on de nos jours voir une otarie naine, une tortue marine ou un requin dans un environnement aussi proche de l'habitat naturel qu'au Löbbecke-Museum et à l'aqua-zoo? Le visiteur y rencontre 250 sortes d'animaux. Le musée, aménagé en 1987, est le plus grand aquariun marin d'Europe.

Where can one experience dwarf fur seals, tortoises or sharks in such an appropriate environment as in Löbbecke-Museum and Aqua-Zoo. About 250 species of animals can be seen in various climatic zones. The museum is Europe's largest sea-water aquarium.

ルーベッケ博物館と水族館のように、オットセイや亀や鮫などがその種にぴったり合った生活環境で生きてる所はなかなかない。異なった気候地域を歩き回ることにより約250種の動物に会える。1987年に出来上がったこの建物はヨーロッパ一大きい海水水族館である。

Wer's exotisch liebt, darf das Löbbecke-Museum im
Nordpark nicht versäumen. In der künstlichen Tropen-
landschaft des Aqua-Zoos mit insgesamt 78 Aquarien,
einem Fluß und 31 Terrarien hat auch dieser Bartagame
ein neues Zuhause gefunden.

C'est un univers exotique qui attend le visiteur dans le
Löbbecke-Museum du Nordpark. Le paysage tropical
artificiel du zoo aquatique comprend 78 aquariums, une
rivière et 31 terrariums. Cet iguane australien y a trouvé
un nouveau chez soi.

Those who like something more exotic should not miss
a visit to the Löbbecke Museum in Nordpark. In the arti-
ficial tropical landscape of the aqua-zoo with a total of 78
aquariums, a river and 31 terrariums this Australian
agama has also found a new home.

エキゾティックな物を愛する者が見逃せないのが北公園にあ
るレベッケ博物館である。水族館の人工的にしつらえた熱帯
風景の中に全部で７８の水槽と川がひとつと区切られた３１
箇所の地域があり、このヒゲアガマ（トカゲ）もここに新し
いホームを見付けた。

Direkt gegenüber am Rhein liegt die ehemalige römische Legionsfestung Neuß. Hier lohnt nicht nur die ehemalige Stiftskirche St. Quirin aus dem 13. Jahrhundert einen Abstecher, sondern auch die Museumsinsel Hambroich (Foto).

L'ancien fort romain de Neuß est situé sur le Rhin, juste en face de Düsseldorf. A cet endroit il ne faut pas manquer de visiter également l'ancienne église collégiale Saint-Quirin du 13e siècle de même que l'île musée d'Hambroich (photo).

Directly across the Rhine is the former Roman Legion fortress Neuß. Not only is a visit to the former collegiate church St. Quirin from the 13th century worthwhile, but also to the museum island of Hambroich (photo).

ライン川のちょうど向こう岸に昔ローマ軍団の砦であったノイスがある。ここには１３世紀のもと修道院教会の聖クィーリン教会だけでなく博物館島ハムブロイヒもあって寄り道するだけのことはある。

Die Großstadt hält ihre Jünger in Trab. Kein Wunder, daß so manchen Düsseldorfer am Wochenende die Sehnsucht nach Tapetenwechsel packt. Nur eine Weltreise darf es nicht kosten. Ein langgestreckter blauer Fleck auf der Landkarte, einen Katzensprung von der Haustür entfernt, entwickelte sich so zum beliebten Naherholungsgebiet. Der Unterbacher See am Ostrand der Stadt lockt

La grande ville fait courir ses adeptes au trot. Rien d'étonnant à ce que beaucoup d'habitants de Düsseldorf désirent un changement de décor au week-end. Cela ne doit cependant pas coûter une fortune. Une longue tache bleue sur la carte, peu éloignée, s'est développée en un district de repos très populaire. Le lac Unterbacher, à la limite est de la ville, offre des lieux de baignade, des

The big city keeps its disciples on the go. No wonder that many Düsseldorfers are gripped by a desire for a change on the weekend. But it shouldn't cost a fortune. A long blue spot on the map, a stone's throw from the front door, thus developed into a nearby recreational area. Unterbacher Lake on the eastern edge of the city offers outdoor swimming pools, campgrounds and hiking paths.

大都市はその信奉者達を休ませない。週末多くの市民が壁紙を変えようという欲求に捉えられるのも、もっともな事。ただし世界旅行ほど費用がかかってはならない。地図上の細長い青い箇所、家のドアからひとっとびの所、そこはよく利用される近隣休養地として発達してきた。市の東縁にあるウンターバッハ湖は屋外プールやキャンピング場、散歩道等を備えて心を唆る。特にサーフィン、ヨット、快適なボートパーティは人気が高い。

mit Freibädern, Campingplätzen und Wanderwegen. Vor allem Surfen, Segeln und gemütliche Bootspartien stehen hoch im Kurs. Natürlich kann man sich auch auf dem Rhein den Wind um die Nase wehen lassen, mit der „Weißen Flotte" nach Kaiserswerth schippern (Foto) oder zur großen Rundfahrt mit der „Köln-Düsseldorfer" starten.

terrains de camping et des chemins de randonnées. Le surf, la voile et les tranquilles parties de bateau sont très appréciés. Bien sûr on peut aussi humer les embruns sur le Rhin, partir pour Kaiserswerth avec un bateau de la «Flotte blanche» (photo) ou faire une grande excursion avec le «Köln-Düsseldorfer».

It is especially popular for wind-surfing, sailing and relaxing boat outings. Of course, you can also enjoy the feel of a fresh breeze on the Rhine by sailing to Kaiserswerth with the "White Fleet" (photo) or launch a big tour with the "Köln-Düsseldorfer".

ライン川ではもちろん白い船でカイザースヴェルトへ行ったり、または「ケルン・デュッセルドルファー」で周遊に出たりして外の世界を知ることもできるのだ。

Die Wurzeln von Kaiserswerth reichen bis ins Jahr 700, als hier ein Benediktinerkloster gegründet wurde. Im Jahre 1184 baute Kaiser Friedrich I. Barbarossa zum Schutz des Stifts eine befestigte Kaiserpfalz. 1702 fiel sie dem spanischen Erbfolgekrieg zum Opfer und ist seither eine Ruine, die noch im Verfall mit ihrem gewaltigen Mauerwerk vom Stolz der einstigen Trutzburg zeugt. Auch auf dem Marktplatz Kaiserswerth sind noch einige hübsche Bauten aus dem 17./18. Jahrhundert erhalten geblieben.

L'origine de Kaiserswerth remonte à l'an 700, lorsque fut fondé ici un monastère bénédictin. En l'an 1184, l'empereur Frédéric Barberousse fit construire un fort impérial pour le protéger. Il fut pris en 1702, au cours de la guerre de Succession d'Espagne et démantelé. Ses puissantes murailles témoignent encore de la fierté de la forteresse de jadis. Sur la place du marché de Kaiserswerth se trouvent quelques jolies maisons des 17 et 18e siècles.

The roots of Kaiserswerth date back to 700 when a Benedictine monastery was founded here. Kaiser Friedrich I Barbarossa built a fortified palace to protect the monastery in 1184. In 1702 it was a victim of the Spanish War of Succession and though in ruins since then, it still indicates the pride of the former massive castle with its mighty walls. There are also several lovely buildings from the 17th/18th century that are still intact at Kaiserswerth's marketplace.

カイザースヴェルトのルーツは７００年代迄、ここにベネディクト修道院が設立された頃まで辿れる。１１８４年フリードリッヒ一世バーバロッサは修道院保護の為に堅固な皇帝の城を建てた。１７０２年スペインの王位継承戦の犠牲となり、以来廃墟と化したが、その崩壊の中にも頑丈な壁を通して昔日の城の自信が窺われる。カイザースヴェルトのマークト広場にも１７，８世紀の美しい建物がいくつか残っている。

Die ehemalige Stiftskirche St. Suitbertus präsentiert sich heute als basilikale Choranlage aus dem 13. Jahrhundert. Die katholische Pfarrkirche zählt zu den großen rheinischen Bauten im Übergangsstil. Ihr kostbarstes Stück ist der Schrein des Hl. Suitbertus (um 1300).

L'ancienne église collégiale St. Suitbertus se présente de nos jours sous la forme d'un complexe basilical du 13e siècle, agencé autour d'un choeur. Cette église catholique paroissiale compte parmi les grands édifices rhénans du style de transition. Son trésor le plus précieux est le reliquaire de saint Suitbertus (vers 1300).

The former collegiate church St. Suitbertus presents itself as a basilica choir edifice dating from the 13th century. The Catholic parish church numbers among the large Rhine buildings in transition style. Its most valuable piece is the shrine of St. Suitbertus (around 1300).

かつて修道院付属の聖堂であった聖スヴィートベルトゥスは今日、１３世紀バジリカ様式の教会として姿を見せている。このカトリック教会は、過渡期の様式における大ライン地方建築に属する。この中の聖スヴィートベルトゥス（１３００年頃）の櫃は貴重な物である。

Chronik

Um 700
Gründung eines Benediktinerklosters im späteren Kaiserswerth.
Um 1150
Früheste urkundliche Erwähnung des Namens „Dusseldorp".
1288
Graf Adolf von Berg erhebt Düsseldorf zur Stadt.
1614
Herzogtümer Jülich und Berg fallen mit ihrer Hauptstadt Düsseldorf an die Pfalzgrafen von Neuburg.
1679–1716
Blütezeit unter Kurfürst Johann Wilhelm (Jan Wellem). Erweiterung der Stadt und Festungswerke, Ausbau der Oper.
1770–1790
Reger Ausbau der Stadt: Entstehung von Hofgarten und Kunstakademie.
1795
Französische Revolutionstruppen besetzen die Stadt.
1806–1813
Düsseldorf ist Hauptstadt des Großherzogtums Berg.
1815
Düsseldorf kommt nach dem Wiener Kongreß unter preußische Herrschaft.
1824
Düsseldorf wird Sitz des Rheinischen Provinzial-Landtages.
1838
Erste Eisenbahnstrecke Westdeutschlands von Düsseldorf nach Erkrath.
1882
Mit über 100 000 Einwohnern wird Düsseldorf Großstadt.
1921–25
Besetzung durch französische Truppen.
1942–45
Das Stadtgebiet wird zu 42% durch Fliegerangriffe zerstört.
1946
Düsseldorf wird Landeshauptstadt von Nordrhein-Westfalen.
1965
Gründung der Universität Düsseldorf.
1988
700-Jahrfeier der Stadt.
1991
Einweihung des WDR-Landsstudios

Chronicle

Around 700
Founding of Benedictine monastery in later Kaiserswerth.
Around 1150
Earliest documentary mention of the name "Dusseldorp".
1288
Count Adolf von Berg elevates Düsseldorf to a city.
1614
Duchies of Jülich and Berg fall with their capital, Düsseldorf, to the counts palatine von Neuburg.
1679–1716
Heyday under Elector-Prince Johann Wilhelm (Jan Wellem). Expansion of the city and fortifications, development of opera.
1770–1790
Active expansion of city: Setting up of Hofgarten and Art Academy.
1795
French revolutionary troops occupy the city.
1806–1813
Düsseldorf is capital of Grand Duchy of Berg.
1815
Düsseldorf comes under Prussian rule after Vienna Congress.
1824
Düsseldorf becomes seat of Rhine Provincial Parliament.
1838
First stretch of railroad in West Germany from Düsseldorf to Erkrath.
1882
With over 100,000 inhabitants Düsseldorf becomes a big city.
1921–25
Occupation by French troops.
1942–45
42% of the city is destroyed by air raids.
1946
Düsseldorf becomes state capital of North-Rhine Westphalia.
1965
Founding of Düsseldorf University.
1988
700-year celebration of the city.
1991
Official opening of WDR state studio

Histoire

Vers 700
Fondation d'un monastère bénédictin, plus tard Kaiserswerth.
Vers 1150
Première mention documentée de «Dusseldorp».
1288
Le comte Adolf von Berg élève Düsseldorf au rang de ville.
1614
Les duchés de Jülich et Berg et leur capitale Düsseldorf passent au comte de Neuburg.
1679–1716
Age d'or sous le prince Johann Wilhelm (Jan Wellem). Agrandissement de la ville et des remparts. Aménagement de l'opéra.
1770–1790
Période de construction active: le Hofgarten et la Kunstakademie.
1795
Les troupes révolutionnaires françaises occupent la ville.
1806–1813
Düsseldorf capitale du duché de Berg.
1815
Après le congrès de Vienne Düsseldorf passe à la Prusse.
1824
Düsseldorf devient siège de la diète provinciale rhénane.
1838
Première ligne de chemin de fer d'Allemagne de l'ouest, de Düsseldorf à Erkrath.
1882
Avec ses 100 000 habitants Düsseldorf devient «Großstadt».
1921–25
Occupation par les troupes françaises.
1942–45
La ville est détruite à 42% par les bombes.
1946
Düsseldorf devient capitale du land de Nord-Rhénanie-Westphalie.
1965
Fondation de l'université de Düsseldorf.
1988
700e anniversaire de la ville.
1991
Inauguration du studio du land de la WDR

年代記

７００年頃	後のカイザースヴェルトに ベネディクト修道院設立。
１１５０年頃	『ドゥッセルドルプ』の名が文書に見られる。
１２８８年	アドルフ フォン ベルク伯爵、デュッセルドルフを市に昇格。
１６１４年	公爵領ユーリッヒとベルク及びその首都デュッセルドルフ共に フォン ノイブルク帝領伯の手に落ちる。
１６７９－１７１６年	選帝侯ヨハン ヴィルヘルム（ヤン ヴェレム）の下、開花期。市の拡大と築城工事とオペラ座の竣工。
１７７０－１７９０年	活発な市の拡張。ホーフガーテンと芸術アカデミーの成立。
１７９５年	フランス革命軍が市を占領。
１８０６－１８１３年	ベルク大公爵領の首都となる。
１８１５年	ウィーン会議後プロシアの支配下に置かれる。
１８２４年	ライン地方議会の所在地となる。
１８３８年	デュッセルドルフとエールクラートとの間に西ドイツ最初の鉄道が敷設。
１８８２年	１０万人を越える大都市となる。
１９２１－１９２５年	フランス軍による占領。
１９４２－４５年	空爆により市の４２％が破壊。
１９４６年	ノーストライン ヴェストファレン州の首都となる。
１９６５年	デュッセルドルフ大学の設立。
１９８８年	市の７００年祭
１９９１年	西ドイツ放送局落成